Abenteuer
im Regenwald

Programmleitung Monika Schlitzer
Projektbetreuung Corinna Hartung,
Kerstin Schlieker, Christian Noß
Herstellungsleitung Dorothee Whittaker
Herstellungskoordination Katharina Dürmeier, Bettina Bähnsch
Herstellung Sophie Schiela, Claudia Bürgers
Covergestaltung Sabine Hüttenkofer

Titel der englischen Originalausgabe:
Rainforest Explorer

Text Rupert Matthews
Übersetzung Eva Sixt
Lektorat Susanne Salvisberg

ISBN 978-3-8310-4224-1

Druck und Bindung TBB, a.s., Slowakei

MIX
Aus verantwortungs-
vollen Quellen
FSC® C022120

www.dk-verlag.de

Inhalt

Ankunft in Brasilien

Brasilien, hier bin ich!
Müde, aber sehr aufgeregt.

Ich heiße Lisa Santos und bin 13 Jahre
alt. Ich lebe mit meiner Familie in München.
In den Ferien fahren wir oft zusammen
in die Berge oder ans Meer.

Aber in diesem Jahr ist alles anders:
Ich verreise zum ersten Mal allein
und verbringe die Sommerferien
bei meinem Onkel Renaldo.
Er ist der Bruder meiner Mutter und
genau wie sie in Brasilien geboren.

Annas Safari-Tagebuch

Meine Reise zu den Elefanten

Besuch vom Dino-Forscher

Mein Sommer mit den Pandas

Die geheime Welt der Haie

Expedition zum Mars

Wettlauf zum Mond

Kampf um Burg Eliot

Willkommen auf meiner Burg

Krokodil-Abenteuer am Fluss

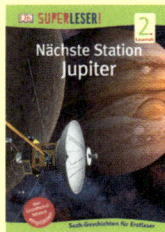

Nächste Station Jupiter

Paul im Fußballcamp

Heute mal Prinzessin?

Rasante Fahrt durch den Körper

Mats und Pia retten eine Robbe

STAR WARS MUTIGE HELDEN

STAR WARS DIE GESCHICHTE VON DARTH VADER

Helfer in der Not

Unser Wald-abenteuer

Abenteuer im Regenwald

WOOZLE GOOZLE WUNDER DER WELT

LEGO NINJAGO DIE GRÖSSTEN NINJA-ABENTEUER

LEGO NINJAGO DIE GROSSE VERFOLGUNGSJAGD

LEGO NINJAGO DIE GRÖSSTEN DUELLE

WONDER WOMAN SUPERHELDIN UND PRINZESSIN

SPIDER-MAN SUPERHELDEN UND SUPERSCHURKEN

Onkel Renaldo nimmt mich mit
zu seiner Forschungsstation.
Die liegt mitten im Regenwald. Onkel
Renaldo beobachtet dort Tiere in freier
Wildbahn. Ich freue mich schon darauf,
ihm bei seiner Arbeit zu helfen!

Heute Morgen bin ich auf dem Val-de-
Cans-Flughafen bei Belém gelandet.
Er ist groß und modern. Jeden Tag
starten hier 160 Flugzeuge!

Im Terminal habe ich mein Geld in brasilianische Real umgewechselt. Auf den Geldscheinen sind Tiere aus dem Regenwald abgebildet: auf dem 10er-Schein ein Papagei, auf dem 20er-Schein ein Affe und auf dem 50er-Schein ein Jaguar. Hoffentlich treffe ich keinen hungrigen Jaguar!

In einem kleinen Propellerflugzeug bin
ich dann weiter nach Boa Vista geflogen.
Während des Fluges las ich einen Artikel
über die Abholzung des Regenwaldes.

Der Amazonas-Regenwald ist riesig:
5 500 000 Quadratkilometer groß –
das ist etwa die Hälfte der Fläche
von ganz Europa!

Ungefähr 600 000 Quadratkilometer Wald
sind bereits verschwunden.
Schrecklich!
Wo vorher Wald war, bauen die
Menschen nun Plantagen und neue
Siedlungen. Sie nutzen das Land für
sich, aber wer denkt an all die Tiere
des Regenwaldes? Wo sollen sie nun
leben? Ihr Lebensraum wird immer
kleiner.

In einem anderen Artikel wurde über
Kuhikugu berichtet. Dieses Dorf liegt
im Regenwald südlich von Boa Vista.
Man hat dort uralte Ruinen von Städten,
Straßen und Gräben gefunden.
Früher müssen dort Tausende
Menschen gelebt haben. Heute ist das
Gelände vom Regenwald überwuchert.
Wie geheimnisvoll!

Onkel Renaldo hat mich vom kleinen
Flughafen in Boa Vista abgeholt.
Wir fahren durch die lebhafte Stadt
zum Hotel. Hier bleiben wir erst einmal
für ein paar Tage.

Zum Abendessen gibt es „Pato no tucupi".
Das ist gekochtes Entenfleisch mit Maniok.

Maniok ist eine Wurzel. Sie schmeckt
ein bisschen wie weiche Kartoffeln
und ist hier sehr beliebt.
Mein Onkel sagt, dass wir auf unserer
Reise sehr oft Maniok essen werden.

Das war ein langer Tag. Ich bin total
erschöpft von der Reise und den vielen
neuen Eindrücken.
Was wohl morgen passieren wird?

Ausrüstung

Liebe Lisa,
hier schicke ich dir eine Liste mit
Dingen, die du bei mir brauchen
wirst. Onkel Renaldo

1. Leinenhut
Der Hut muss eine breite
Krempe haben. Er schützt
dich vor Sonne und Regen.

2. Wanderstiefel
Wir werden viel unterwegs
sein. Du brauchst also
bequeme Wanderstiefel
aus Leder. Laufe sie vorher
ein, damit du keine Blasen
bekommst.

3. Netzbeutel

Nachts legen wir unsere Stiefel in die Beutel. Skorpione, Schlangen oder giftige Insekten können dann nicht hineinkrabbeln.

4. Sam-Browne-Gürtel

Am Gürtel sind Karabinerhaken befestigt. Du kannst deine Wasserflasche, ein Messer, ein Notizbuch und ein Fernglas daran hängen. Das alles brauchst du natürlich auch.

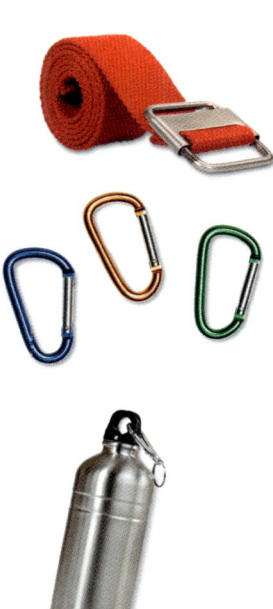

Die Reise zur Forschungsstation

Symbole:

 im Flugzeug

 im Boot

 zu Fuß

- - - - - - - die Route

● Belém

● Boa Vista

● Forschungsstation

So sprichst du die Namen der Orte aus:

Caracaí [Ka-ra-ki]

Kuhikugu [Ku-hi-ku-ju]

Tulu Tuloi [Tu-lu Tu-loi]

Xeriuini [Xe-ri-u-ini]

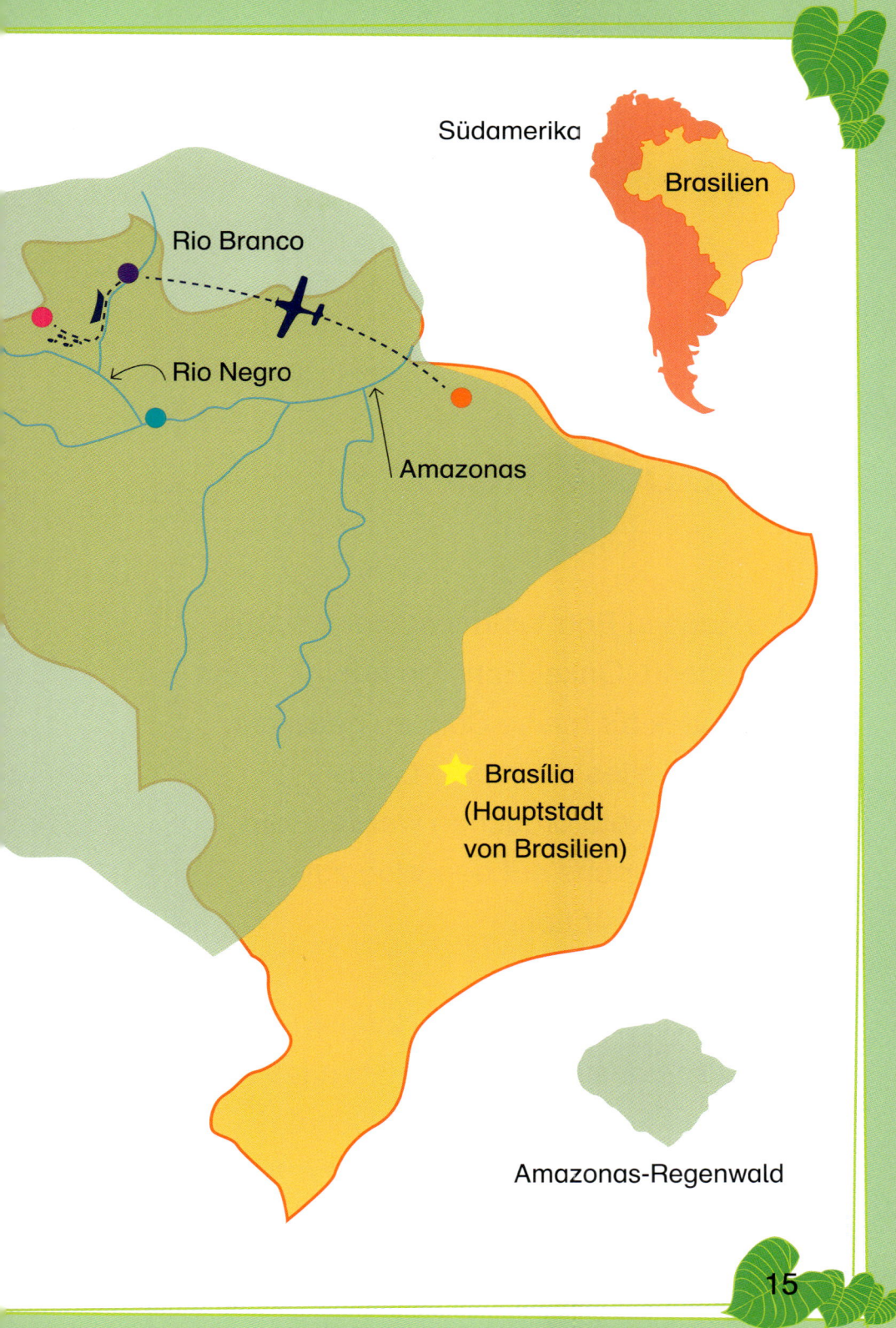

Südamerika

Brasilien

Rio Branco

Rio Negro

Amazonas

Brasília
(Hauptstadt
von Brasilien)

Amazonas-Regenwald

15

Boa Vista

Die Tage in Boa Vista sind ganz schön
aufregend. Onkel Renaldo hat mir einen
Rucksack für meine Sachen gegeben.
Ich habe alles eingepackt, was ich
im Regenwald brauchen werde. Bald
machen wir uns auf den Weg zur
Forschungsstation.

Ich platze schon fast vor Neugier!
Gestern habe ich Pedro kennengelernt.
Er ist ein Freund von Onkel Renaldo
und gehört zum Volk der Yanomami.

Morgen werden wir schon sehr früh
aufbrechen. Dann wird es noch kühl sein.
Im Moment ist es heiß: 38 Grad!
Dazu regnet es in Strömen.

Hier regnet es jeden Tag fünf Stunden lang. Jetzt verstehe ich, warum es „Regenwald" heißt!

Wir wollen auf dem Rio Branco bis zur Stadt Caracaí fahren. Das ist ein Nebenfluss des gewaltigen Amazonas. „Rio Branco" bedeutet „Weißer Fluss".

Der Rio Branco ist eigentlich nicht
weiß, sondern schlammig braun.
Aber immerhin ist er heller als der
Rio Negro (der „Schwarze Fluss").
Daher kommt sein Name. Das Wasser
des Rio Negro sieht aus wie schwarzer
Kaffee.

Die Geschichte von Yara

Pedro hat mir diese Legende erzählt:

Ein mutiger Mann namens Macu ging zum Angeln.
Am Abend kam er mit mehreren großen Fischen
in sein Dorf zurück. Er erzählte seinen Freunden,
dass er eine schöne junge Frau getroffen habe.
Sie saß auf einem Felsen und kämmte ihr Haar.

Macu erzählte,
dass die Frau Yara
hieß. Sie half ihm,
Fische zu fangen.

Jeden Tag ging Macu angeln. Und jeden Abend
erzählte er seinem Freund Rona von Yara. Rona
beschloss, Macu heimlich zu folgen. Auch er
wollte die geheimnisvolle Schöne
sehen. Er beobachtete, wie Macu
zum Fluss ging. Dann kam Yara.

Rona begriff, dass sie eine Meerjungfrau war.
Er bekam Angst und rannte zurück in sein Dorf.
Macu wollte aber nicht mehr dorthin zurück.

Zehn Jahre später war
Rona mit seinem Kanu beim
Fischen. Er warf den Anker
aus. Einige Minuten später
hörte er ein lautes Platschen.
Die schöne Yara schwamm
auf ihn zu.

„Zieh den Anker ein", sagte Yara.
„Er versperrt die Tür meines
Hauses. Ich muss ins Haus
zu meinem Mann Macu und
unseren fünf Kindern."

Rona zog erschrocken den
Anker ein und beobachtete,
wie Yara wieder im Wasser
verschwand.

Tiere am Amazonas

Tausende verschiedene Tierarten leben im Regenwald am Amazonas. Manche von ihnen sind gefährlich.

1. Ameisen

Im Wald gibt es über 1000 verschiedene Arten.

2. Hellroter Ara

Er ist einer der buntesten Papageien.

3. Tukan

Der Schnabel dieses Vogels ist unglaublich lang.

4. Jaguar

Diese Raubkatze kann klettern und schwimmen.

5. Anakonda

Diese Würgeschlange wird 9 Meter lang.

6. Wasserschwein

Dieses Tier ist das größte Nagetier der Welt.

7. Blauer Morpho

Der Falter hat eine Flügelspanne von 20 Zentimetern.

8. Pekari

Die Zähne dieses Schweins sind lang und gekrümmt.

9. Tapir

Seine Schnauze ist zu einem Rüssel verlängert.

10. Kolibri

Dieser Vogel kann auf der Stelle fliegen. Er bewegt sich dabei nicht vorwärts.

Der Rio Branco

Endlich sind wir unterwegs!
Pedro und ich fangen Fische für das
Abendessen. Ich sitze mit unserer
Ausbeute auf dem Rand unseres Bootes,
als ein großer Lastkahn vorbeifährt.
Plötzlich schaukelt das Boot und ich falle
ins Wasser. Onkel Renaldo ruft aufgeregt.
Pedro wirft mir ein Seil zu und zieht mich
aus dem Fluss. Puh, das war knapp!

Onkel Renaldo und Pedro sehen furchtbar erschrocken aus. Hätte mich die Strömung erfasst oder wäre ein gefährliches Tier gekommen – nicht auszudenken!

Sie erzählen mir, dass im Rio Branco
Piranhas leben. Diese Fische schwimmen
in großen Schwärmen. Wenn sie Blut
im Wasser riechen, greifen sie an.
Sie können einen Menschen in wenigen
Sekunden töten. Gruselig!
Jetzt brät Onkel Renaldo Fisch und
Erbsen in Erdnussöl. Dazu gibt es
Maniok-Brei.

Auf unserer Flussfahrt kommen wir
an Dörfern vorbei. Ein Kran hebt weiße
Steinblöcke auf einen Lastkahn,
der am Ufer festgebunden ist. Der Stein
heißt Marmor. Daraus werden Platten
für Tische und Treppen hergestellt.
Wir sehen auch Kähne, die Eisenerz
transportierten.
Das Erz wird im Regenwald abgebaut.

Im Regenwald

Mittags legen wir am Ufer an. Wieder
einmal regnet es. Onkel Renaldo spannt
einen Regenschutz auf und macht Feuer.
Es gibt Maniok mit Erbsen. Was sonst?
Immer Maniok …
Was gäbe ich jetzt für einen Hamburger!

Später gehen wir in Caracaí an Land.
Diese Stadt ist viel kleiner als Boa Vista.
Von dort aus fahren wir in einem
Lastwagen zum Dorf Igarape.

Die Bauern pflanzen hier Maniok,
Sojabohnen und Ananas an.
Ihre Ernte verkaufen sie in Caracaí.
Die Früchte leuchten in den Farben
Rot, Gelb, Orange, Braun und Grün.
Sie sehen zum Anbeißen aus.
Und wie sie duften!

Die Straßen sind hier nicht geteert.
Sie bestehen aus Erde und Kies und
haben tiefe, schlammige Löcher.
Am Straßenrand wurden alle Bäume
gefällt. Hinter dem Dorf Igarape hört
die Straße auf und es führen nur noch
Pfade durch den Wald. Wir gehen zu Fuß
weiter und wandern, bis es Abend wird.

Ich halte nach Tieren Ausschau, aber ich
sehe kein einziges. Im Regenwald ist
es ziemlich dunkel. Durch das dichte
Laub dringt nämlich fast keine Sonne.
Nicht einmal am Mittag!

Ich höre Tiere über mir.
Aber sie sind irgendwo zwischen
den riesigen Blättern versteckt
und nicht zu sehen.

Über meinem Kopf muss irgendwo
ein Äffchen herumturnen. Die Blätter
wackeln und rascheln und ich höre
immer wieder leise Laute.
Vielleicht entdecke ich das Äffchen
oder seine Familie morgen?

Besuch in der Nacht

Toll! Pedro zeigt mir runde Pfoten-
abdrücke. Die Spuren sind direkt neben
unserem Zelt und stammen von einem
Jaguar. So dicht bei uns war er nachts
unterwegs.
Ein Jaguar kann fast zwei Meter lang
und 150 Kilogramm schwer werden!

Ich habe nichts gehört.
Pedro sagt, dass man den Jaguar
niemals hört. Er bewegt sich wie ein
Schatten und tötet leise.

Er beißt sein Opfer in den Kopf.
Pedro sagt, man ist tot, bevor man
den Jaguar hört.

Zum Glück greifen diese Katzen
Menschen nicht an! Zumindest,
solange sie sich nicht bedroht fühlen …

Pedro zeigt mir noch andere Spuren.
Er erklärt mir, von welchen Tieren sie
stammen. Seit ich genauer hinschaue,
erkenne ich überall Hinweise auf die
Tiere, die hier leben.

Ich entdecke viele Spuren und sehe
Vögel, Frösche und Insekten.

Heute gehen wir ins Hügelland.
Dort ist der Wald nicht so dicht.
Pedro sagt, dass dort Sträucher
und kleinere Bäume wachsen.

Wir sind beim Rio Xeriuini.
Pedros Zuhause ist ganz in der
Nähe. Sein Dorf heißt Shadea.

Tierspuren

im Regenwald

Wasserschwein

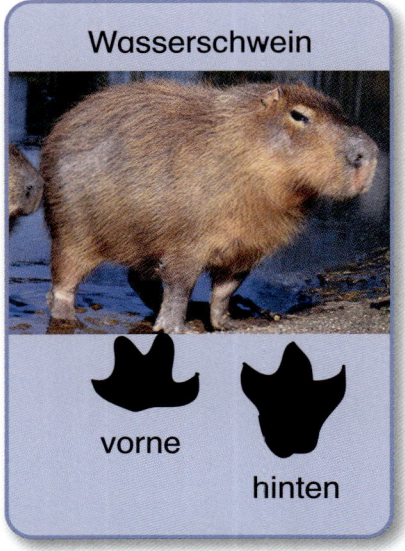

vorne

hinten

Gürteltier

vorne

hinten

Jaguar

vorne

hinten

Schwarzer Kaiman

vorne

hinten

Wickelbär

vorne   hinten

Tapir

vorne   hinten

Ozelot

vorne   hinten

Roter Spießhirsch

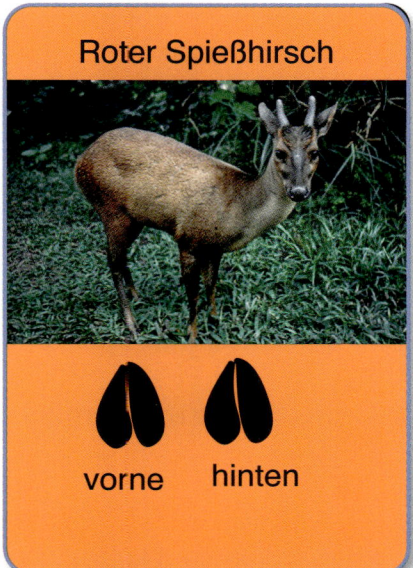

vorne   hinten

Stockwerke des Regenwaldes

Der Regenwald besteht aus verschiedenen Bereichen, die man Stockwerke nennt. In jedem Stockwerk leben bestimmte Tierarten.

Kronenregion

Die Kronenregion ist sehr groß. Sie befindet sich etwa 30 Meter über dem Boden. Die Äste und Blätter der Bäume bilden ein Dickicht. Es ist so dicht, dass es 90 Prozent des Sonnenlichts abschirmt. Die meisten Tiere des Waldes leben hier.

Strauchschicht

Dieses Stockwerk besteht aus Baumstämmen, Sträuchern und Kletterpflanzen. Hier leben Vögel, Eidechsen und Insekten.

Waldboden

Weil bis zum Boden kaum Licht vordringt, wachsen hier nur Farne und Sträucher. Wenn ein Baum abstirbt und umstürzt, schlägt er eine Schneise. Licht dringt nun zum Boden vor und Hunderte Samen keimen. Nur wenige werden zu Bäumen.

Urwaldriesen

Nur wenige Bäume werden
40 Meter hoch. Sie überragen
die Kronenregion.

Im Tulu-Tuloi-Hügelland

Seit drei Tagen lebe ich jetzt beim Volk
der Yanomami. Es ist toll!
Alle sind sehr nett. Extra für mich haben
sie ein Fest gemacht!

In diesem Dorf ist Pedro aufgewachsen.
Hier steht ein großes Holzhaus, das man
Shabono nennt. Es ist ein Rundhaus.
Das Dach ist mit trockenen Blättern
gedeckt.

Ungefähr 80 Menschen leben im Shabono. Ich teile einen Raum mit zwei netten Mädchen: Kara und Haxi.

Mit Kara und Haxi laufe ich zu einem
großen Termitenhügel. Zu dritt graben wir
Termitenlarven aus. Sie sehen aus wie
dicke Raupen. Zum Abendessen rösten
wir sie. Ich muss mich etwas überwinden,
sie zu essen. Aber sie sind lecker.
Sie schmecken nach Nüssen.

Am Nachmittag gehen wir in den
Dorfgarten. Hier haben die Yanomami
die Bäume gefällt. Ein Holzzaun hält
hungrige Hirsche und andere Tiere fern.
Kara gräbt Maniokwurzeln aus, während
Haxi und ich Bananen pflücken.

Danach spielen wir zusammen „Olliztli".

Das Spiel Olliztli

1 Beide Spieler würfeln. Der Spieler mit der höheren Punktzahl fängt an.

2 Der erste Spieler stellt eine seiner Spielfiguren in das Kästchen mit seiner Farbe.

3 Er würfelt und darf im Uhrzeigersinn ziehen.

4 Jetzt würfelt der zweite Spieler.

5 Die Spieler würfeln abwechselnd. Würfelt jemand eine Sechs, wird eine neue Figur auf das Brett gestellt. Bei allen anderen Zahlen zieht der Spieler mit einer seiner Figuren, die schon auf dem Brett steht.

6 Wenn bereits eine Figur auf einem Feld steht, ist es besetzt.

7 Wenn eine Figur auf einem schwarzen Feld landet, muss der Spieler einmal aussetzen.

8 Ist kein Zug möglich, muss der Spieler aussetzen.

9 Wenn eine Spielfigur einmal im Kreis gelaufen ist und wieder beim Start ankommt, wird sie vom Brett genommen.

10 Gewonnen hat der Spieler, der als Erster alle Steine vom Brett genommen hat.

Die Männer kommen mit einem
Wasserschwein und einem Tapir von
der Jagd zurück.
Eine reiche Beute! Deshalb laden sie
die Leute vom Nachbardorf zu einem
Festessen ein.

Ich schäle die Maniokwurzeln.
Dann werden sie gerieben und mit
Wasser zu einem dicken Brei vermischt.

Eine Frau formt aus dem Brei einen Fladen mit ungefähr 30 Zentimeter Durchmesser und legt ihn auf einen heißen Stein am Feuer. Nach ein paar Minuten sieht der Fladen aus wie ein Pfannkuchen mit Blasen. Wir backen noch viele Fladen und legen sie in einen Korb.

Das Fest ist ein großer Erfolg und geht
bis spät in die Nacht. Viele Dorfbewohner
tragen Schmuck, den ich noch nie
gesehen habe. Männer trommeln und
spielen Flöte und alle tanzen zur Musik.
Später erzählt ein alter Yanomami
Geschichten von früher.

Morgen müssen wir das Dorf verlassen,
weil Leute aus einem anderen Dorf
zu Besuch kommen. Sie hatten noch
nie Kontakt zu Menschen, die nicht im
Regenwald aufgewachsen sind. Wir
könnten sie mit Krankheiten anstecken,
die für sie sehr gefährlich sind.

In der Forschungsstation

Seit zehn Tagen sind wir nun in Onkel
Renaldos Station. Er hat mir erklärt,
was er und Pedro herausfinden wollen.
Sie zählen, wie viele Tiere im Gebiet
leben. Einige der Tiere werden gefangen,
gewogen, gemessen und fotografiert und
dann wieder freigelassen. Das auf dem
Foto ist ein Gürteltier.

Es gibt noch eine andere
Neuigkeit: Man wird mich
bald im Fernsehen sehen!
Ich bin nämlich eine
Entdeckerin!

Ich habe doch auf dem Hinflug diesen
Artikel über die Ruinen in Kuhiguru
gelesen.
Und nun finde ich tatsächlich einen
ähnlichen Graben ganz in der Nähe
der Forschungsstation!
Ich! Nun bin ich eine Entdeckerin und
werde berühmt! Kaum zu glauben!

Meine Entdeckung war purer Zufall.
Irgendwie sah der Ort magisch aus:
Der Graben bildet ein Quadrat mit
ungefähr 200 Metern Durchmesser.
In der Nähe des Grabens entdecke
ich Steine – vielleicht die Reste eines
Damms? Außerdem finde ich seltsame
schwarze Erde. Ich mache Fotos und
zeichne eine Skizze.

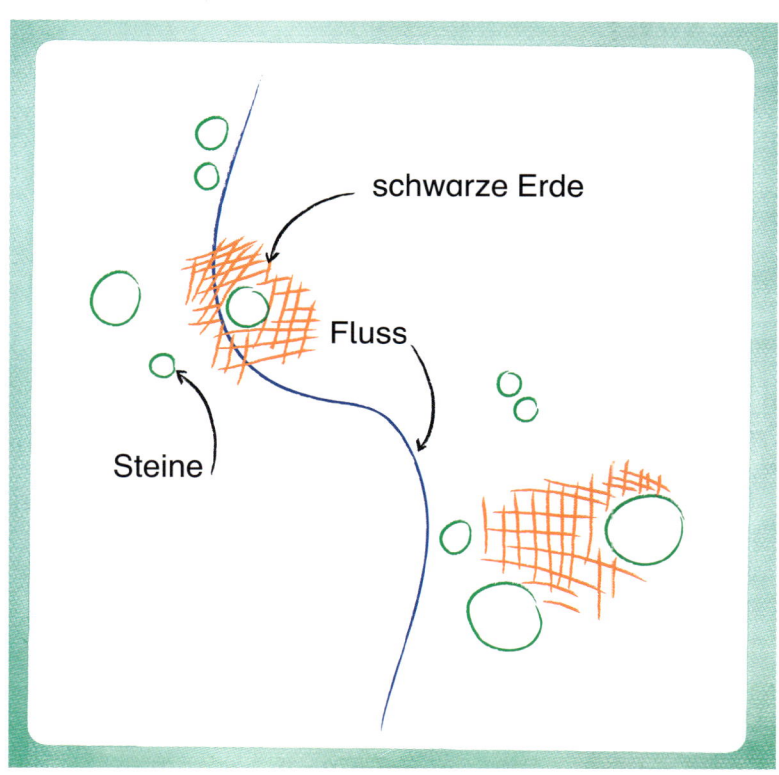

Onkel Renaldo schickt die Bilder über Satellit zum National-Museum von Brasilien. Zwei Tage später landet ein Hubschrauber.

Professor Gonzales vom National-
Museum und seine Mitarbeiter sind an
Bord. Sie bleiben mehrere Tage bei uns,
graben Löcher in den Ruinen, sammeln
Dinge und machen Fotos. Die Forscher
entdecken noch mehr Gräben und
Ruinen.

Professor Gonzales sagt, dass es im Regenwald früher eine mächtige Kultur gab. Er glaubt, dass hier über 5000 Menschen in wundervollen Städten gelebt haben. Wahrscheinlich wurde diese Kultur ausgelöscht, als Siedler aus Europa gefährliche Krankheiten einschleppten.

Der Professor meint, dass meine
Entdeckung sehr wichtig ist. Er möchte,
dass ich im Museum berichte, wie ich
die Ruinen gefunden habe. Dort werden
auch Leute vom Fernsehen sein.
Ich werde berühmt! Ich kann es kaum
erwarten. Meine Reise in den Regenwald
war ein tolles Erlebnis!

Versunkene Stadt Z gefunden!

Eine Schülerin hat im Regenwald Ruinen entdeckt. Experten glauben, dass es sich um die Stadt Z handelt, von der alte Legenden berichten.

Zu den Ruinen, die Lisa Santos gefunden hat, gehören ein Damm, eine Brücke, eine Festung und viele Häuser. Nur ein kleiner Teil wurde bisher freigelegt. Die Experten glauben, dass hier früher 2000 Häuser, Tempel und

andere Gebäude standen.

Professor Gonzales vom National-Museum spricht von einem „bedeutenden Fund". Weiter berichtet er stolz: „Es sind die größten Ruinen, die jemals im Regenwald entdeckt wurden. Wir müssen sie genau untersuchen.

Ich leite die Forschungen und ich hoffe, dass Lisa uns begleitet."

Die 13-jährige Lisa Santos berichtete, wie sie die Ruinen fand. „Als ich im Wald unterwegs war, stand ich plötzlich vor einem Graben. Er sah aus, als ob ihn Menschen gemacht hätten. Später kam ich noch einmal zurück. Ich maß den Graben aus und machte Fotos. Die schickte ich Professor Gonzales. Erst später begriff ich, wie wichtig meine Entdeckung war."

1925 verschwand der britische Forscher Percy Fawcett spurlos im Amazonas-Regenwald. Freunden hatte er erzählt, er wolle die versunkene Stadt Z suchen. Niemand weiß, was Fawcett passiert ist. Aber nun wurde die geheimnisvolle Stadt offenbar entdeckt.

Das Regenwald-Quiz

1. Wie heißt das brasilianische Geld?

2. Welche Speise gibt es im Regenwald fast täglich?

3. Was bedeutet „Rio Negro" auf Deutsch?

4. Welches Tier hat eine Schnauze, die zu einem kurzen Rüssel verlängert ist?

5. Warum erschrecken Pedro und Onkel Renaldo, als Lisa in den Rio Branco fällt?

6. Wie nennt man die oberste Baumschicht?

7. Wie heißt das Holzhaus, in dem alle Yanomami eines Dorfs leben?

Antworten auf Seite 61

Begriffe

Abholzen

Das Fällen von Bäumen.

Assistent

Mensch, der anderen bei der Arbeit hilft.

Ausrüstung

Kleidung und Gegenstände, die auf einer Reise wichtig und nützlich sind.

Eisenerz

Steine, aus denen Eisen gewonnen wird.

Kultur

Hier: Menschen, die in einer Gemeinschaft leben, Siedlungen bauen und Ackerbau und Viehzucht betreiben.

Lastkahn

Boot mit flachem Boden, in dem Waren transportiert werden.

Lebensraum

Natürliche Umgebung einer Tier- oder Pflanzenart.

Nebenfluss

Fluss, der in einen größeren Fluss mündet.

Plantage

Pflanzanlage für nur eine einzige Pflanzenart.

Professor

Lehrer an einer Hochschule.

Ruine

Überreste eines verlassenen Hauses, das vor vielen Jahren gebaut wurde.

Satellit

Technisches Gerät, das die Erde auf einer Umlaufbahn umkreist.

Siedlung

Ansammlung von Wohnhäusern, kleines Dorf.

Terminal

Bereich eines Flughafens, in dem man abfliegt oder ankommt.

Liebe Eltern,

Lesen macht Spaß! Denn es gibt so viele spannende Geschichten. Und Lesen ist sehr nützlich, denn viele Informationen erschließen wir uns lesend. Beides sollte Ihr Kind am Ende seines Leselern-Prozesses erfahren haben.

Mit den **SUPER**LESER!-Büchern für Erstleser möchten wir Ihrem Kind genau das vermitteln. Die Leseabenteuer in drei verschiedenen Lesestufen verbinden wunderbar spannende Geschichten mit vielen interessanten und nützlichen Sachinformationen in unterschiedlichen Textformen z. B. Berichte, Briefe, Bastelanleitungen, Rezepte oder Infotafeln.

So können Sie Ihr Kind dabei unterstützen, dass es begeistert und erfolgreich lesen lernt:

Haben Sie Geduld! Nicht jedes Kind ist eine geborene Leseratte und manche brauchen etwas länger, um sich mit dem Lesen anzufreunden. Lesen Sie Ihrem Kind auch weiterhin vor. Dabei bekommt es ein Gefühl für fließendes Lesen, ausdrucksstarke Sprache und richtige Betonung. Fragen Sie es immer wieder einmal, ob es Ihnen vorlesen möchte. Seien Sie geduldig. Irgendwann wird die Neugier auf die Geschichten siegen.

Je mehr, desto besser! Mit jedem Text, den Ihr Kind liest – sei es ein Gedicht, eine Geschichte oder ein Sachtext –, werden sich seine Lesefähigkeit, sein Gefühl für Sprache und sein Verständnis schwieriger Wörter weiterentwickeln. Am besten liest es regelmäßig, aber nur so lange, wie es mag. Dabei reichen am Anfang zehn Minuten völlig aus.

Nicht zu schnell! Achten Sie darauf, dass Ihr Kind sich Zeit nimmt, jedes Wort in Ruhe auszusprechen und seine Bedeutung zu verstehen. Die Sachtexte sind für Ihr Kind etwas schwerer zu lesen als die erzählenden Passagen. Loben Sie Ihr Kind, wenn es sich ein schwieriges Wort erschlossen hat oder einen Satz noch einmal anders betont liest, nachdem es den Sinn verstanden hat.

Seien Sie ein guter Zuhörer! Wenn es bereit ist, lassen Sie Ihr Kind laut vorlesen und hören Sie ihm aufmerksam zu. Unterbrechen Sie es nur, wenn es wirklich nötig ist. Oder machen Sie zwischendurch, zum Beispiel vor Beginn eines neuen Kapitels, kleine Pausen, in denen Sie über das Gelesene sprechen. Auch die Quizfragen am Buchende bieten eine spielerische Möglichkeit, das Textverständnis zu überprüfen.

Geteilte Freude ist doppelte Freude! Laden Sie andere Zuhörer und Vorleser – Geschwister, Großeltern oder gute Freunde – ein: Lesen Sie mit verteilten Rollen oder veranstalten Sie einen Lesenachmittag. Nach der ersten Aufregung werden Stolz und Freude an den geteilten Geschichten überwiegen.

Seien Sie Vorbild! Wenn Sie selbst viel lesen, wird auch Ihr Kind dies als selbstverständliche und erfüllende Beschäftigung kennenlernen.

Spaß muss sein! Wählen Sie die Bücher und Texte nach den Interessen Ihres Kindes aus. Das erhöht die Lust aufs Lesen und sorgt für lang anhaltende Motivation.

Wir wünschen Ihnen und Ihrem Kind viel Freude beim gemeinsamen Lesen!

Dank und Bildnachweis

Der Verlag dankt folgenden Personen und Organisationen für die freundliche Genehmigung zum Abdruck von Fotos:

(Abkürzungen: o = oben; u = unten; m = Mitte; g = ganz; l = links; r = rechts)

1 **Dreamstime.com:** Patryk Kosmider. 6 **Alamy Stock Photo:** Bstar Images; Stockchildren (Mädchen). 7 **Corbis:** Wolfgang Kaehler (u). 10 **Alamy Images:** GM Photo Images (m). 11 **Alamy Images:** Sue Cunningham/Worldwide Picture Library (go). 12 **Alamy Images:** Realimage (mru); Andrew Twort (mr). 13 **Alamy Images:** Andrew Paterson (mru); Studiomode (gor); ImageDB/PhotosIndia.com LLC (mr). **Dreamstime.com:** Jo Ann Snover (ur). 17 **Corbis:** Susanne Borges/A.B. (m). 18 **Corbis:** Konrad Wothe/Minden Pictures (m). 19 **Alamy Images:** Morley Read (go). 23 **Dorling Kindersley:** Laszlo Veres. 25 **Corbis:** Jeffrey Bosdet/All Canada Photos (m). 26 **Corbis:** Top Photo Group (go). 27 **Corbis:** Gordon Wiltsie/National Geographic Society (u). 29 **Alamy Images:** Nigel Hicks (m). 30 **Corbis:** Sung-IL Kim/Sung-Il Kim (go). 31 **Dorling Kindersley:** Rough Guides (mo). 33 **Corbis:** Kevin Schafer (mu). 34 **Dorling Kindersley:** Thomas Marent (m, um). 36 **Corbis:** W. Perry Conway (mru); Kevin Schafer (mro). 37 **Corbis:** Michael & Patricia Fogden (mlo, mro); Kevin Schafer (mlu, mru). 41 **Alamy Images:** Bruce Farnsworth (m). 42 **Alamy Images:** Graphic Science (go). 43 **Alamy Images:** Interfoto/Botany (mu). 44–45 **Dreamstime.com:** Ambience (Tiersilhouetten). 46 **Alamy Images:** Krys Bailey (m). 47 **Alamy Images:** Ton Koene/Horizons WWP (um). 48 **Alamy Images:** Bob Masters (go). 49 49 **Alamy Stock Photo:** Stockchildren (go). 51 **Corbis:** Kevin Schafer (om). 52 **Alamy Images:** Ammit (go). 54 **Alamy Images:** David Wall (m). 55 **Alamy Images:** ZUMA Press, Inc. (go). 56 **Alamy Images:** Maxime Dube (u). 57 **Alamy Images:** Maxime Dube (go). 58 **Alamy Images:** Maxime Dube (ml).

Umschlagbilder:
Vorderseite: 123RF.com: Dirk Ercken (Frosch).
Rückseite: 123RF.com: edurivero (Ml); **Dorling Kindersley:** Jerry Young (ol); **Getty Images / iStock:** odmeyer r/ (Hintergrund).

Alle weiteren Bilder © Dorling Kindersley
Weitere Informationen unter: **www.dkimages.com**

Annas Safari-Tagebuch

Meine Reise zu den Elefanten

Besuch vom Dino-Forscher

Mein Sommer mit den Pandas

Die geheime Welt der Haie

Expedition zum Mars

Wettlauf zum Mond

Kampf um Burg Eliot

Willkommen auf meiner Burg

Krokodil-Abenteuer am Fluss

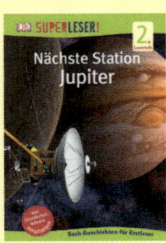
Nächste Station Jupiter

Paul im Fußballcamp

Heute mal Prinzessin?

Rasante Fahrt durch den Körper

Mats und Pia retten eine Robbe

STAR WARS MUTIGE HELDEN

STAR WARS DIE GESCHICHTE VON DARTH VADER

Helfer in der Not

Unser Wald-abenteuer

Abenteuer im Regenwald

WOOZLE GOOZLE WUNDER DER WELT

LEGO NINJAGO DIE GRÖSSTEN NINJA-ABENTEUER

LEGO NINJAGO DIE GROSSE VERFOLGUNGS-JAGD

LEGO NINJAGO DIE GRÖSSTEN DUELLE

WONDER WOMAN SUPERHELDIN UND PRINZESSIN

SPIDER-MAN SUPERHELDEN UND SUPERSCHURKEN